# I LOVE TO HELP
# EU AMO AJUDAR

Shelley Admont

Illustrated by Sonal Goyal, Sumit Sakhuja

www.kidkiddos.com

Copyright©2016 by S. A. Publishing ©2017 by KidKiddos Books Ltd.

support@kidkiddos.com

All rights reserved. No part of this book may be reproduced in any form or by any electronic or mechanical means, including information storage and retrieval systems, without written permission from the publisher or author, except in the case of a reviewer, who may quote brief passages embodied in critical articles or in a review.

Todos os direitos reservados. Nenhuma parte deste livro pode ser reimpressa ou reproduzida de qualquer forma, ou por qualquer meio eletrônico, mecânico ou outro, agora conhecido ou futuramente inventado, incluindo fotocópia e gravação, ou em qualquer armazenamento de informação ou sistema de recuperação, sem a permissão por escrito dos editores.

First edition, 2017

Translated from English by Chiara Costa
Traduzido do Inglês por Chiara Costa
Portuguese editing by Thais Osti
Edição em Português de Thais Osti

**Library and Archives Canada Cataloguing in Publication Data**
I Love to Help (Portuguese Bilingual Edition)/ Shelley Admont
ISBN: 978-1-5259-0548-3 paperback
ISBN: 978-1-5259-0549-0 hardcover
ISBN: 978-1-5259-0547-6 eBook

Please note that the Portuguese and English versions of the story have been written to be as close as possible. However, in some cases they differ in order to accommodate nuances and fluidity of each language.

Although the author and the publisher have made every effort to ensure the accuracy and completeness of information contained in this book, we assume no responsibility for errors, inaccuracies, omission, inconsistency, or consequences from such information.

For those I love the most-S.A.

Para aqueles que mais amo-S.A.

Jimmy bounced around the car in excitement.

*Jimmy pulava ao redor do carro de tanto entusiasmo.*

"We're going to the beach!" he shouted happily. "We're going to the beach!"

*"Nós vamos à praia!" ele gritava alegremente. "Nós estamos indo à praia!"*

Dad laughed as he opened the trunk of the car. "That's right!" he said, "It's a lovely sunny day and we want to get going quickly."

*Papai ria enquanto abria o porta-malas do carro. "Isso mesmo!" ele disse, "É um adorável dia de sol e nós temos que ir andando logo."*

"Why don't you help us carry the things we need to the car? Your brothers are helping already."

*"Que tal você nos ajudar a carregar as coisas que precisamos até o carro? Seus irmãos já estão ajudando."*

Jimmy stopped bouncing and looked towards the front door of their house.

*Jimmy parou de pular e olhou para a porta da frente da casa deles.*

Jimmy's two brothers were helping carry things to the car.

*Os dois irmãos de Jimmy estavam ajudando a carregar coisas para o carro.*

The oldest brother had colorful buckets and spades in his hands, and the middle brother was carrying the picnic basket.

*O irmão mais velho tinha baldes coloridos e pás em suas mãos, e o irmão do meio carregava uma cesta de piquenique.*

"Come, Jimmy!" Mom called from the doorway. "You can carry the bag of towels or this small beach chair. It won't be very hard."

*"Vamos, Jimmy!" chamou a Mamãe da porta. "Você pode levar a sacola de toalhas ou essa pequena cadeira de praia. Não será muito difícil."*

Jimmy looked at the towels and chair. "No, thank you!" he said with a grin. "I'm too busy JUMPING!"

*Jimmy olhou para as toalhas e a cadeira. "Não, obrigado!" disse ele com um sorriso maroto. "Eu estou muito ocupado PULANDO!"*

The forest where they lived was not too far from the beach and Jimmy wriggled with excitement the whole way.

*A floresta onde eles moravam não era muito longe da praia e Jimmy se sacudiu de entusiasmo o caminho inteiro.*

When he saw the golden sands of the beach and the sparkling blue water of the sea, he started jumping in his seat.

*Quando ele viu a areia dourada da praia e a brilhante água azul do mar, ele começou a pular em seu lugar.*

"Alright, we are here," said Dad.

*"Muito bem, chegamos," disse o Papai.*

Jimmy got out of the car. "This is amazing," he exclaimed and ran down towards the water.

*Jimmy saiu do carro. "Isso é demais!" ele exclamou e correu direto para a água.*

"Wait!" Mom called after him. "You've got to help us to take everything out of the car."

*"Espere!" a Mamãe chamou por ele. "Você precisa nos ajudar a tirar todas as coisas do carro."*

Jimmy turned around, waving at his family. "No, thank you!" he said. "I've got to build a GIANT SANDCASTLE!"

*Jimmy virou-se para trás, acenando para sua família. "Não, obrigado!" ele disse. "Eu tenho que construir um CASTELO DE AREIA GIGANTE!"*

He ran to a perfect spot on the beach, right next to the sea, and started to scoop sand into his hands.

*Ele correu até um lugar perfeito na praia, onde começou a cavar na areia com suas mãos.*

Jimmy was so busy having fun that he didn't notice his family going to and from the car, carrying objects down to the beach.

*Jimmy estava tão ocupado que não percebeu sua família indo e vindo do carro, carregando objetos até a praia.*

Meanwhile, the sandcastle grew bigger and bigger.

*Enquanto isso, o castelo de areia ficava cada vez maior.*

"My castle is going to be so big, a King and Queen are going to want to move in!" Jimmy said, imagining tiny knights and servants running around inside.

*"Meu castelo vai ficar tão grande que um Rei e uma Rainha vão querer morar nele!" disse Jimmy, imaginando pequenos cavaleiros e servos correndo lá dentro.*

While Jimmy was working on his castle, his older brothers were hunting for shells.

*Enquanto Jimmy trabalhava em seu castelo, seus irmãos mais velhos estavam caçando conchas.*

Dad went swimming in the sea and Mom lay on a towel further up the beach.

*O Papai foi nadar no mar e a Mamãe deitou-se em uma toalha mais adiante.*

Jimmy was so focused on his castle that he didn't really notice what the rest of his family were doing until...

*Jimmy estava tão concentrado em seu castelo que ele não percebeu o que o restante da família estava fazendo até que...*

"Watch out!" Jimmy heard his dad shout.

*"Cuidado!" Jimmy ouviu seu pai gritando.*

He looked up just in time to see a giant wave rising up beside him from the sea!

*Ele olhou para cima bem a tempo de ver uma onda gigante formando-se no mar atrás dele!*

"Oh no!" cried Jimmy as the wave crashed down on top of him. When the water pulled away, Jimmy lay on his back and tried to catch his breath.

*"Oh não!" lamentou Jimmy enquanto a onda quebrava em cima dele. Quando a água se afastou, Jimmy deitou de costas e tentou recuperar o fôlego.*

"Yuck!" Jimmy spat out salty water and pulled seaweed from behind his ears.

*"Eca!" Jimmy cuspiu água salgada e tirou algas marinhas de trás do seu ouvido.*

Then he looked up to see what had happened to his castle.

*Em seguida ele levantou o olhar para ver o que tinha acontecido com seu castelo.*

"Noooo!" he cried. The castle was completely destroyed!

*"Nãããão!" ele chorou. O castelo estava completamente destruído!*

Jimmy felt hot tears on his face as he looked at the ruined castle.

*Jimmy sentiu as lágrimas em seu rosto enquanto olhava o castelo arruinado.*

Mom knelt down beside him and gave him a hug. All his family had stopped what they were doing and gathered around him.

*A Mamãe se ajoelhou ao seu lado e lhe deu um abraço. Toda a sua família parou o que estavam fazendo e se reuniram junto a ele.*

"I'm sorry about your castle," Dad said.

*"Sinto muito pelo seu castelo," disse o Papai.*

"Yeah, your castle looked really nice," said the oldest brother.

*"É, o seu castelo estava muito legal," disse o irmão mais velho.*

"And big," agreed the middle brother.

*"E grande," concordou o irmão do meio.*

Mom smiled. "Don't worry, Jimmy. We'll help you build a new one."

*Mamãe sorriu. "Não se preocupe, Jimmy. Nós iremos te ajudar a construir um novo."*

"You will?" Jimmy asked.

*"Vocês irão?" Jimmy perguntou.*

"Yes!" His family laughed and they all set about building the sandcastle again.

*"Sim!" Sua família riu e todos eles se prontificaram a construir o castelo de areia novamente.*

Something was different this time. Jimmy realized that with his family helping him, the castle was bigger and more beautiful than before.

*Algo estava diferente dessa vez. Jimmy percebeu que com sua família lhe ajudando, o castelo estava maior e mais bonito que antes.*

"Look!" the oldest brother pointed inside. Two crabs had settled down in the center of the castle. "It even has a King and Queen!"

*"Olhem!" o irmão mais velho apontou. Dois caranguejos se acomodaram no centro do castelo. "Tem até um Rei e uma Rainha!"*

Jimmy bounced up and down. "This is the best sandcastle ever!"

*Jimmy saltitou. "Esse é o melhor castelo de areia de todos os tempos!"*

When it was time to go, the family began taking things back into the car.

*Quando chegou o momento de ir embora, a família começou a levar as coisas de volta para o carro.*

Jimmy grinned. "May I help you?" he asked.

*Jimmy sorriu. "Posso ajudar?" ele perguntou.*

He took the towels to the car and then ran back to help carry the buckets.

*Ele levou as toalhas até o carro e então correu de volta para ajudar a carregar os baldes.*

"Wow, we packed that really quickly," Dad said when they were done, looking at the empty beach.

*"Nossa, nós arrumamos tudo muito rápido," disse o Papai quando eles terminaram, olhando para a praia vazia.*

Even when they came home, Jimmy continued to help, carrying the beach chairs back into the house.

*Mesmo quando eles chegaram, Jimmy continuou ajudando, carregando as cadeiras de praia de volta para dentro de casa.*

"Everything works out better when we help each other," he told Mom.

*"Tudo funciona melhor quando nós ajudamos uns aos outros", ele disse a Mamãe.*

Mom smiled. "Well, the car is empty now, except for one thing."

*A Mamãe sorriu. "Bem, o carro está vazio agora, exceto por uma coisa."*

Mom pulled out a packet of cookies. "I think someone needs to help eat these cookies!"

*A Mamãe puxou um pacote de bolachas. "Eu acho que alguém precisa ajudar a comer essas bolachas!"*

www.ingramcontent.com/pod-product-compliance
Lightning Source LLC
Chambersburg PA
CBHW061143070526
44584CB00033B/4402